CELEBRANDO LA VIDA

Mina Ordaz

Celebrando la vida

Alas de Mariposa

Primera edición: Abril 2023
Título original: Celebrando la vida
© Mina Ordaz 2023
Corrección: Luis Endrino Fuentes

Ilustraciones: Mina Ordaz
Diseño de cubierta: Luis Endrino Fuentes
Maquetación: Luis Endrino Fuentes

ISBN-13: 9798392133901

Todos los derechos reservados. No se permite la reproducción total o parcial de esta obra, ni su incorporación a un sistema informático ni su transmisión en cualquier forma o por cualquier medio, sea electrónico, mecánico, por fotocopia, por grabación u otros métodos, sin el permiso previo y por escrito del titular del *copyright*.

Este poemario está dedicado especialmente a todas esas personas que se han atrevido a arriesgar su vida para seguir viviendo.

En este mundo son millones los que han abierto de par en par la ventana de la fe para luchar por una segunda oportunidad, y hoy por hoy, se encuentran agradecidos por estar **Celebrando la Vida**, incluyéndome a mí.

No hay que quedarse viendo como pasa, hay pelear por ella, abrazarla y sobre todo, vivirla con pasión.

Una vez leí una frase que decía «Somos como bolsas de té, no conocemos nuestra fuerza hasta que estamos en agua caliente» nunca mejor dicho. A veces nos sorprende la fuerza que poseemos para sostenernos en roca firme cuando nos rodean las arenas movedizas.

INTRODUCCIÓN

Le pregunté a la vida, que necesitaría hacer para que está me durará muchos años.

—Solo víveme —me contestó.

—Pero todo lo que se usa se acaba —le respondí.

—Y lo que no usas caduca —replicó—. Así que disfrútame sin pensar cuanto dure, víveme sin pensar en el tiempo, gózame porque solo una vez pasaré por tu existencia.

Y tras una pausa siguió diciéndome.

—Soy solo momentos, a veces miel, otras, limón amargo.

«Camina, no corras, deléitate en el recorrido, baila bajo las bendiciones que caen en forma de lluvia desde el cielo. Da gracias cada día por la suerte de existir, las ganas de esperar, la fuerza de resistir, pero sobre todo la humildad de agradecer. No siempre tienes que ser fuerte, también se vale respirar las debilidades. Lucha, valora, se feliz con lo que tienes y no sufras por lo que te falta, la felicidad no tiene receta, cada quien la prepara con sus propios ingredientes. Se realista al escribir tus prioridades, porque quizá no tengas tiempo de pasar la lista a limpio. Sigue aprendiendo de ti misma, que el aprender es infinito, y concluyó diciendo, que dejes ya de preocuparte tanto, el pensar no te quita las penas del mañana, solo te quitará la alegría de tu hoy».

«La vida es un camino, vivir es caminar».

Mina Ordaz

Alas de Mar

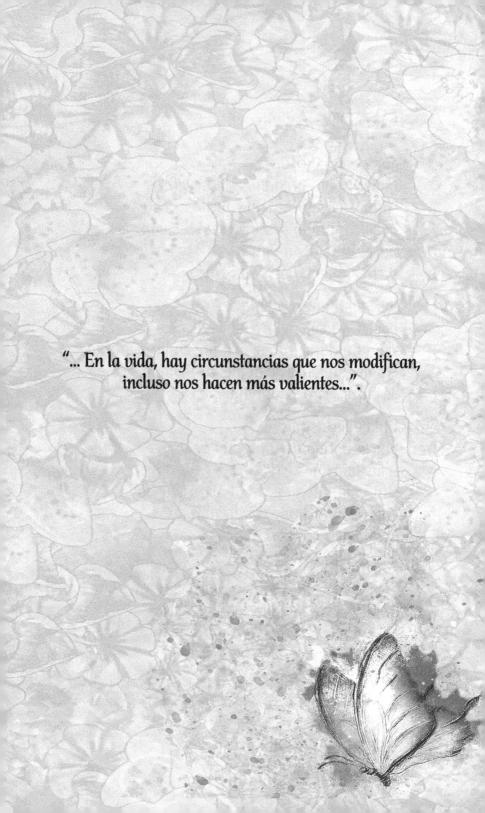

"... En la vida, hay circunstancias que nos modifican, incluso nos hacen más valientes...".

EN MODO AVIÓN

Ayer con valentía,
quité tu foto pegada en la nevera,
cambié el color de mi cabello,
bailé cantando descalza por el salón,
puse mi reloj en pausa
y en "modo avión" mi corazón.

Le prohibí al recuerdo
volver a usar mis costillas de escalera
para anidarse como siempre en la memoria.
No me lamento de lo que he soltado,
se sufre, pero se aprende.

Sí las perlas nacen
por la herida de un grano de arena
y las lágrimas
son vida tatuadas en la experiencia,
entonces adelante con la mirada
de no siento nada.

Ayer comprendí
que tú no estabas preparado para mí
y yo solo fui el hada madrina
buscando calabazas.

Tú no sabes sumar uno más uno,
y a mí me va lo de restar,
simplemente somos rompecabezas
que no encajamos con cualquiera.

Los años son tan vengativos
que nunca olvidan los errores,
tarde o temprano mandan al tiempo
a que nos cobre factura
y yo no estoy dispuesta
a pagar sola una cuenta que es de dos.

AMISTAD SE ESCRIBE CON MAYÚSCULA

Me preguntaron quien eras,
señalando nuestra foto en el salón, callé,
necesitaba encontrar las palabras
que describieran lo que eres para mí.

Con orgullo respondí, ella es conexión,
apoyo, magia, amiga,
la voz analgésica que cura mis angustias,
y la tirita a los aruños de la vida.

En mi aflicción saca una sonrisa del bolsillo
y con paciencia la pega en mi tristeza,
hace de la distancia un paso
y de los limones que nos da la vida,
una dulce limonada.

Somos esa diferencia que nos hace tan iguales,
no compartimos la misma sangre,
sino el mismo corazón.

Y ahí vamos, hombro a hombro,
siempre juntas, a veces rotas,
otras veces enteras,
a veces débiles, a veces fuertes,
con sueños, con proyectos,
con miedos, pero sin rendirnos.

No tiramos la toalla,
cerramos el puño
y nos damos fortaleza,
fácil no es,
hoy se viven tiempos duros.

Ambas cargamos peso en la espalda,
pero dividido en dos el peso es menos,
me ayuda, le ayudo,
me caigo,
y cuando no puede levantarme
se acuesta a mi lado hasta lograrlo.

Gracias le doy a Dios
por unir nuestros caminos,
por aprender el significado de la amistad,
ahora le veo, sonrío y digo:

¡Qué haría yo si no hubiera conocido a esta loca!

MI CUERPO HA ENVEJECIDO...

... PERO MI ALMA AÚN NO LO SABE

Tengo en el armario
un vestido que me aprieta,
unos tacones que no usé
y un álbum de fotos que comprueba
que no todo tiempo pasado fue mejor,
que cada etapa tiene su magia,
y que del pasado no se vive,
se aprende.

Le he ganado más de cuatro décadas
a la vida, y como premio
me ha dado algunas estrías y arrugas,
mi juventud se va yendo,
la va arrastrando el tiempo,
la gravedad
hace fiesta derrumbando a su paso,
uso gafas, y no por moda,
es que ya no veo de lejos.

No hay fórmula mágica,
ni pomada o crema
que engañe al espejo
que de reojo me mira.

Hay guerras que no se ganan,
ni luchas que den victoria.

La juventud y los años
no te colgarán insignias,
la redondez y las curvas
se pierden porque se pierden.

He vivido más de lo que me queda,
el físico es una envoltura
que el tiempo va desgastando,
cuando se llega al otoño
la edad ya no importa tanto.

No espero a que las cosas cambien,
yo las hago diferentes.

Tengo en mi armario
un vestido que me aprieta,
compraré una talla a mi medida,
mi cuerpo ha envejecido,
pero mi alma aún no lo sabe.

Me acepto tal como soy
y eso no es resignarse,
es sabiduría y madurez,
es pintar una vida tranquila
con el pincel de los años.

AZUL + ROSA= UNO

No juegues con las canicas,
eso es juego de niños,
no uses gorras,
eso es para los hombres,
no te pongas esas botas,
no te recortes el pelo,
las niñas usan coletas,
vestidos y medias rosas.

Etiquetaron los juegos,
los colores y juguetes,
niño y niña no es lo mismo,
uno es fuerte, el otro débil,
grito el mundo.

Soy mujer y aquí estoy,
luchando hombro a hombro con el fuerte,
aunque digan que soy frágil.

Soy madre
y he dado a luz dos varones
que de mí han aprendido
que el miedo y la fortaleza
no tienen género alguno.

Que los hombres
también están hechos
de delicado cristal,
que el azul y el rosado
son colores nada más.

Que, si un día quieren llorar,
que lloren, el llanto da entereza,
que respetar a una dama,
es respetarse a ellos mismos.

Que sacar sus frustraciones
no es vergüenza,
que contar sus inquietudes es de valientes,
que un varón también desea
una mano que lo sostenga.

Soy mujer y les he enseñado
que los besos en el aire,
los abrazos sin porqué,
las miradas que sonríen
y los cuentos de había una vez...
son emociones sin género
que no hay que etiquetar,
que, si bien tú las enseñas
te ayudarán a crecer.

No cambiaremos al mundo,
pero haremos el intento
de pintar de intelecto
el pedacito que a cada uno nos toca.

Las mujeres enseñamos
con cosas muy pequeñitas,
con ejemplos y palabras,
a formar a grandes hombres.

... Y ME VOLVÍ POESÍA

La suerte pasó a mi lado vestida de hombre mortal,
ataviada con antojo, de desvarío y fantasía.
Mis ojos siguieron sus pasos acuareleando el camino,
vi su boca e imaginé mil maneras de besarle.
El silencio se hizo hechizo y me volví poesía,
verso, música, baile y canción.
Mis dedos se hicieron pinceles
con urgencia de pintar el andar de su cadera,
que despeina las ideas, alertando a los sentidos,
despertando sensaciones desde el cuello
hasta el piercing de mi ombligo.

Imaginé mi nombre en su voz acariciar su garganta,
se giró y me miró, su sonrisa me embrujó
como el invierno a diciembre,
como un orgasmo de tinta seduciendo a un tatuaje.

Pasó él sin equipaje, sin intención de quedarse,
pero mira lo que es la vida,
sin querer se tropezó con un adoquín suelto
que le había puesto el destino.
Lo vi pasar a mi lado y no fue casualidad,
la suerte ya estaba echada para juntar nuestros pasos
... acuareleando las almas.

QUE LO TUYO QUEDE NUESTRO

No le cuentes a nadie lo que sientes por mí,
no mires fijamente porque corres el riesgo
de que puedan leer mi nombre en tu retina.

No cuentes que desde ayer soy tu musa,
tu inconfesable locura,
el hilo enredado en tus versos,
el pensamiento que lubrica tu mente
y el amor multiplicado por tres.
Que nadie sepa
que tu cuerpo se eriza
cuando siente la almohada,
sonríes y entrecerrando los ojos
susurras un deseo que... mejor me callo.

No confieses que le cambie el rumbo a tu historia
al convertirme en la fecha importante de tu calendario,
en el día que merece ser guardado aparte,
que no soy tu después, soy tu ahora o nunca.

No le cuentes a nadie, que yo no contaré,
que si tú no estás conmigo
se desgajan mis brazos como ramas quebradas
por el aire del mal tiempo.

Que eres mi calma
cuando me rodea el desastre,
el verso que guardo en el bolsillo
y la poesía que leo mientras camino.

No contemos a nadie,
porque el tiempo lleva prisa
y nosotros queremos vivir
unas dos eternidades.

QUIZÁS UN DÍA...

En hojas empastadas encerré mis sentimientos,
los convertí en libro por si acaso un día lo lees, sepas
que fuiste un capítulo importante en mi vida,
que al marcharte busque ayuda paliativa
para corregir el desorden que en mi corazón dejaste,
que compré un parche de morfina para el dolor,
pero no supe donde pegarlo,
porque el dolor del alma no se cura,
no se explica, solo se siente.

A jirones me desvestí la piel
y los quemé en la hoguera de la fría noche,
hice un trueque con mi mente,
le pedí que deshiciera los caminos que me llevaban a ti,
y que quitará los grilletes que me impedían seguir.

Un día de esos,
donde el pequeño se hace grande
y el cobarde se vuelve valiente,
te perdoné o me perdoné,
no sé,
solo sé que volaron esquirlas de silencio,
desde ese momento me desprendí de ataduras,
y me senté a dialogar con tu ausencia
que, desde hace mucho te sabía lejos de mi cuerpo.

Hoy, a un año de perder la batalla
y de aceptar la distancia
a mí me ha dado por florecer,
por encerrar en hojas empastadas los sentimientos,
por convertirlos en libro,
por si acaso un día lo lees, sepas
que fuiste un capítulo importante en mi vida,
pero todo lo que empieza acaba,
justo hoy, con letras grandes,
escribí el final.

EL AMOR DE MI ~~VIDA~~ HERIDA

Con ilusión
guardada el título de nuestra vida,
pero un día,
como broma de un mal escritor,
este cambio, y aquí estoy,
tomando el papel de narrador,
contando una historia diferente
para drenar el alma
del cúmulo de sentimientos
que me desgastan.

Soy cuento de amor con mil sucesos,
me sentía segura
de haber encontrado la aguja en el pajar,
pero me tropecé y terminé tragándome la aguja.

No fue fácil reconocer que había perdido,
pero no estuve dispuesta a esperar
lo que quizás nunca llegaría,
a veces nos cuesta aprender
que los golpes de la vida
no son para jodernos,
son para aprender a tomar
mejores decisiones.

Sé que aún me falta aprender,
pero día a día lo estoy logrando
y como dijo Sabina:

*"Lo peor del amor es cuando pasa,
cuando al punto final de los finales
no le quedan dos puntos suspensivos".*

Aún tengo demasiados "me dueles",
pero ya acepté que el amor de mi vida
decidió cambiar la historia
para convertirse
en el amor de mi herida.

DESEMPÓLVAME EL CORAZÓN

Te invito a renacer,
volvamos de nuevo a resurgir,
tú pones las caricias
y yo pongo la piel.

¡Ven!
Matemos el silencio
que pernocta en nuestras noches,
busquemos el antibiótico
que sana los dolores pasados
y quita el sabor amargo
del último beso que nos dieron.

Abramos juntos
la maleta de los sueños estrellados,
tomemos un tren sin rumbo,
que importa si terminamos
perdimos en el norte,
en el sur o en la nada.

Reconstruyamos nuestras ruinas
y resucitemos
las mariposas muertas entre las costillas.

¡Ven!
Desnúdame de lo que ya no sirve,
desempólvame el corazón
y con los ojos cerrados
echemos a andar esto
que estamos sintiendo.

Entreguémonos completos,
sin dosificarnos,
seamos dos locos
irresponsablemente felices.

La vida nos está dando
la oportunidad de reiniciarnos.

¡Ven!
Tú pones las caricias
y yo pongo la piel.

A TRES CENTÍMETROS SOBRE EL CIELO

No, yo no soy poeta,
solo le conté a un papel lo que siento por ti
y fue él quien se encargó de hacerlo poesía,
de contar que me visto de domingo
sin importar si es un jueves,
que mis suspiros te besan,
que mi garganta se seca
y se me atraganta tu nombre.

Me bautiza la fragancia de tu risa
y tus ojos, me desabotonan lentamente el corazón,
provocando un oleaje
que lo hace volar a ras de mil antojos.

Tengo ganas de que pruebes
el color de mi lápiz labial,
de que mis zapatos duerman junto a los tuyos,
de que mis zarcillos descansen plácidamente
en tu mesita de noche,
de que la luna, acompañada
de una tierna sinfonía nocturna,
acomode mi almohada cerquita de la tuya
y no despertar hasta que
el tañer del campanario de un misal
nos invite a beber
hasta el último sorbito de pasión.

Me imagino en tu vida
y tú, siendo parte de la mía,
te imagino Quijote
descubriendo molinos de viento
en el océano de mis ojos,
rebuscando en las mañanas
lo dulce de mis labios
y robando todos los besos
atorados en mis dientes.

Cuenta el papel
que tu mirada me pierde
en el cielo de las cosas intangibles,
se equivoca, tu mirada me encuentra
y me hace sentir
a tres centímetros volando sobre el cielo.

No, yo no soy poeta,
solo le confesé a un simple papel
lo que ahora siento,
y fue él quien se encargó
de escribir esta poesía.

SIN FECHA NI CALENDARIO

Tenía una agenda ocupada,
no había dejado ni un hueco para mí
y menos, una cita para dos.

Estaba tan distraída
que no me daba cuenta
que los días quemaban calendarios
y las horas devoraban los relojes.
Un lunes era enero,
el martes ya era marzo
esperando a su primavera,
miércoles gozando de octubre y sus lunas,
y en domingo se escuchaban
villancicos de diciembre con sus luces.

El tiempo perdiéndose en el tiempo
sin pensar, que hoy estamos
y el mañana es incierto.

Una tarde encontré en un rincón
las fechas importantes,
había olvidado que existían,
hasta olvidé que yo misma existía,
me había tragado la rutina.

Comprendí que era hora
de colocar algunas piezas,
arriesgándome a volar
sin promesa de aterrizar
en puerto seguro.

Reiniciando el alma,
viviendo sin prisa,
tirando las cosas que no suman,
tomándome un respiro
para soltar el peso y empezar ligero,
cortando la soga atada a la costumbre.

Y hacer conciencia
que lo perdido no regresa,
que tener una agenda ocupada
equivale a poner en venta
la tranquilidad y la paz.

CUANDO SEA VIEJA...

Cuando sea vieja,
cuando mis rodillas y huesos
sean el hombre del tiempo
que anuncie la lluvia,
no me sentaré a contar minutos,
romperé el mito donde las viejas solo tejemos,
cuidamos gatos y dialogamos
con la foto colgada en la pared.

Cuando sea vieja, haré magia,
sacaré de mi chistera cada día sueños nuevos,
después de todo, de eso se trata la vida,
de soñar, de apasionarse, de intentarlo,
de atreverse, de equivocarse, de aprender,
de caerse y levantarse, y aunque el alma pese,
seguir con el paso erguido.

Cuando frente al espejo
se me arremolinen los recuerdos,
les daré la bienvenida,
porque recordarlos es vivir dos veces,
es la repetición que hace volver a palpitar lo vivido,
son los instantes que te hablan al oído,
las historias que suman y aportan experiencia.

Cuando sea vieja y abra mi diario,
cuando deletree con el alma
las palabras acentuadas en el tiempo,
cuando los símiles
no sean confundidos con errores,
segura estoy de que mi otoño
será como la voz de las flores
que pulsan primaveras.

Cuando sea vieja... no,
nunca seré vieja, porque
me seguiré eligiendo
cómo se elige un buen libro,
disfrutaré la versión
más joven de mi momento,
seguiré pariendo versos
y conjugando mis días
con el verbo "puedo".

QUÉDATE CONMIGO

Quédate conmigo,
ayúdame a organizar el desorden
que dejó el último inquilino
que vivió en mi corazón.

Remodélame la vida,
empieza por quitar a besos
el tapiz de recuerdos
de la pared de mi memoria.

Arráncame
esta inmisericorde nostalgia.

Desándame todos los pasos
que equivocadamente di
y encuentra el antídoto del veneno
que con palabras me tragué.

Pídele a tus labios
que enseñen a los míos
senderos nuevos
y a tus manos, a encontrar
las caricias extraviadas en mi cuerpo.

Haz un cementerio
para sepultar las mentiras
que aún deambulan en mi aire.

Mezcla tus días con los míos,
habítame cada célula
y cada poro de ti.

Ayúdame
a barrer los pedacitos de orfandad
que son como cristales
que al pisarlos hieren
y desangran mis pies.

Quédate conmigo
que aún guardo un lugar intacto
que quiero regalarte,
un sitio blindado
donde nadie entró,
dos boletos
con fecha de partida sin regreso,
un asiento junto al mío
y una decisión
que solo tú puedes hacer.

Sí... quédate conmigo.

EL KARMA NO SE ESCONDE EN LAS ESQUINAS

Cuando quieras conquistar a alguien,
no lo hagas con mentiras,
porqué más temprano que tarde
la verdad te escupirá las mentiras en la cara
y te pondrá elefantes en el cobertizo de la mente
para que te pese la conciencia.

No engañes, la maldad ensucia el corazón
y mata las buenas intenciones,
no ilusiones sino te piensas quedar,
avanza, pasa de largo,
porque lo que no avanza se encharca,
y lo que se encharca, pudre.

Conquista con tu tiempo,
tu honestidad y tu lealtad,
esos son regalos caros
que no cualquiera puede obsequiar.

Enloquece con tu sencillez,
sin necesidad de apariencias,
que no se necesita ser perfecta,
se necesita ser original,
nunca pidas más de lo que tu misma puedes dar,
hacerlo es como pedirle al tres que sea cinco
o al seis que se convierta en nueve.

Se la flama que ilumine, no que derrita,
río que de paz, no que ahogue,
el ladrillazo que cada día
vaya construyendo algo bonito,
el chiste que pinte una sonrisa
para embellecer el rostro
o tan necesaria como la lluvia
en los campos maltratados
por una dura sequía.

Cuando enamores a alguien,
no lo hagas con mentiras,
solo recuerda
que este mundo es redondo
y el karma no se esconde en las esquinas.

POEMA PARA MI ABUELO

Más de noventa abriles
le pesan sobre la espalda,
los otoños en sus pies,
hacen muy lentos sus pasos.

Los años
le han mermado el privilegio de oír,
pero eso no lo detiene,
él sigue contando historias,
se le ilumina el presente
cuando habla del pasado.

Cada mañana en voz baja,
frente a una imagen colgada
pide con gran devoción
que Dios proteja a sus hijos.

Como quisiera saber
 lo que pasa por su mente
cuando se queda callado
mirando al infinito,
como perdonando al tiempo
y apretando los dientes,
como si con ese gesto
quisiera guardar minutos
en el puño de sus manos.

Tiene algunas cicatrices
de guerras que no eran de él
y cenizas que le recuerdan
que de ellas salió vivo.

Su infancia no la gozo,
no le dejaron ser niño,
de niño pasó a mayor
y el alma se le hizo vieja.

Él es un poco chamán,
 a veces cura a mi abuela
con menta y hierbabuena,
con infusión de eucalipto
dice que se quita todo,
que si la barriga duele
la manzanilla es divina,
que una taza de cedrón
te pone a contar ovejas
y que, a su té de hierbitas,
no hay mal que se le resista.

¡En qué momento pasó el tiempo
y mi abuelo se hizo viejo!

Extraño verlo en su huerto
cultivando sus tomates,
sus ajíes y sus cebollas.

Ya pasaron algunos años
de su abundante cosecha
y aún recuerdo el sabor
de sus tiernas calabazas,
el dulzor de sus duraznos
y el aroma de sus rosas.

Cuando de él me despido,
para regresarme a casa
dice con su voz cansada,
"cuídese mucho mijita",
que mi Dios me la proteja,
muchas gracias por venir
a visitar a este viejo.

Más de noventa abriles
le pesan sobre la espalda
y en su lento caminar
mil historias trae a cuestas.

"... Somos lienzos donde la vida escribe,
pero solo nosotros elegimos la historia...".

TAN SOLO TÚ DECIDES

Solo tú escoges el color de tu día,
solo tú permites donde quieres la herida,
solo tú decides si sueltas o cargas,
sí clavas alfileres para cerrar la garganta
y callar lo que piensas,
si te tragas la irá y envenenas el alma,
si te castigas los ojos con el mismo paisaje,
si te restas latidos para apresurarte la muerte
y negarte a sentir.

No hay fórmula mágica,
ni sueño sin lucha, la vida te enseña
y eres tú quien decide... si deseas aprender.

DESABRIDO POEMA

He escrito este poema desabrido,
desabrido como la sopa
que hizo una chica
que no sabía cocinar.

Hoy es uno de esos días
donde todo lo que toco
se hace amargo,
el azúcar se vuelve sal
y mi mente
es un océano profundo de pensamientos
que no saben nadar.

El presente
le oprime el futuro a mi pecho,
tiñendo de incertidumbre al día siguiente
para poner en duda mi fe.

Tengo una maleta
llena de hojas secas que pesan como acero,
quizá sea,
porque están hechas de malas experiencias,
de sueños mal soñados
y de asesinar ilusiones sin testigos.

Sé que nadie es dueño de su tiempo,
que somos aves de paso visitando a la vida,
un puñado de aire o el rezo incompleto
de un rosario sin cuentas.

Siento un silencio
sangrando entre mis venas,
un miedo comiendo mis entrañas
y un abanico de dudas
que cimbran mis pies
al compás de lo imposible.

Se me ha extraviado la esperanza
por eso he escrito este poema desabrido
como la sopa de una chica
que no sabía cocinar.

CIELO ARRIBA, INFIERNO ABAJO

Cielo arriba, infierno abajo y en medio
la presencia transgresora del humano
que olvidó que no es lo mismo
llenar huecos que habitarlos.

El afán de competir y la soberbia
se pasean de la mano,
en el televisor se vende la felicidad embotellada
y en las redes una chica subasta su pureza
para comprarse un par de tetas
porque le han hecho creer
que sin ellas no habrá paraíso.

En la calle las miradas ajenas al dolor
doblan la esquina de este mundo
que hace mucho, ya perdió sus coordenadas.

Da lo mismo si es de noche o es de día,
el hombre lucha por llegar a la cima,
caminando, reptando,
perdiendo su esencia sin sentir
que a cada paso contamina un tramo de su vida.

El poder con alevosía guillotina a la empatía,
desmigaja a la honradez y destruye a la bondad
que trata de no olvidar que un día
hasta el más fuerte se arrodilla.

Segura estoy que si aquellos
que lucharon por unirnos despertaran,
de tristeza, nuevamente morirían.

Por fortuna,
siempre habrá una mano de protesta
que tratará de moverle la ruta a este caos,
a millones pensando que es imposible,
y al resto recordando que a veces
solo basta un grano de arena
para que se forme un desierto.

Cielo arriba, infierno abajo y en medio
alguien abriendo el portal a la esperanza
para que este mundo, recupere sus coordenadas.

¿DÓNDE ESTÁS?

¿Dónde está la niña que salió de la escuela?

¿Dónde está la chica que corría en el parque,
la madre que venía del trabajo
o la vecina que paseaba a su perro?

Hubo una mañana, una tarde, una noche
donde ellas al hogar jamás regresaron,
la calle se ha convertido en un campo de guerra
donde cada día se juega la vida.

El camino a casa
es como un sorteo entre millones,
toca por haber pasado,
incluso por no haber pasado nunca.

Nadie tiene el derecho de desviar la ruta
y con el puño cerrado, cambiar al destino,
ni de robar anhelos aún no cumplidos
dejando familias con ecos de angustia.

Su gente espera
con tantas preguntas rompiendo sus huesos,
volando esperanzas en cometas rotos,
haciendo llamadas que no se contestan,
mandando mensajes que nadie responde.

Con un corazón atrapado
en la telaraña de la tristeza,
   siguen adelante,   tratando de sonreír
   con mil grietas   en los labios.

Se llamaban María, Julia,   Ana, Lola,
Clara, Rosa, Lidia, Lupe,   Martha,
   Bertha, Salomé
y todas con un mismo   apellido,

   MUJER.

Las que antes   tenían rostro,
ahora solo son   papel, letras
y números de problemas
   en matemáticas sin resolver.

Entre las comisuras del alma,
   un pecho adolorido y una angustia indecible,
reposan los recuerdos de las que,
   una mañana, una tarde o una noche
   salieron de casa y jamás regresaron.

Todas tenían su nombre
   pero con un mismo apellido, MUJER.

INSOMNIO

Otra noche abrazada al insomnio,
tocándole apenas el rostro al sueño
después de sacrificar a tres rebaños de ovejas
y contar hasta cien después del infinito.

Los bostezos se cuelgan
del humo del primer café de la mañana,
mientras mis torpes manos desveladas
hojeando el diario descubren la noticia,
que no dormir te resta vida.

Los pies descalzos
le acarician el lomo a la alfombra,
el pelo desordenado cae
sobre la piel desnuda de la espalda
y la cuchara del azúcar que brilla como espejo
identifica un rostro pálido, blanco
como las insomnes sábanas
desveladas de la cama.

Ya dentro de la ducha
siento como si en cada gota que riega mi cuerpo
se paseará un barquillo de papel,
con la intención de arribar
en los cansados párpados caídos de mis ojos.

Y el ruido del agua suena
como voces sonámbulas danzando en mis oídos,
como serenata compuesta
para arrullar los sueños que anoche pernoctaron
en el escondrijo del rebozo
que cubría a unas nubes negras que paseaban.

Las pupilas irritadas tienen sueño de día
y de noche solo tienen ganas
de abrazarse del insomnio.

En resumen,
si no dormir te resta vida, entonces,
yo ya estoy muerta desde ayer.

DE VERSOS Y BESOS

Llegó el momento de la entrega,
de medir con mi aliento el espacio
que hay entre mi boca y tu cara,
el punto de encuentro será mi cama,
sin más testigos que la canción
que tararea la noche
y la bebida caliente para uno,
aunque seamos dos.

Voy a pasar
las yemas de los dedos por mi lengua,
mojarlos con saliva para así recorrer
cada espacio, cada esquina
y cada borde de tu cuerpo.

Te veo y me despiertas emociones,
tengo tantas ganas de perderme en tu magia,
de palparte sin pausa,
de beberte a sorbitos como a agua nueva.

Mis manos recorrerán sigilosas
los caminos del placer
y con el pulgar te tocaré con maestría,
como quien toca una piel ajena,
excitada por las ansias guardadas.

Palpita mi pecho, no puedo evitarlo,
la noche promete y respira desvelo,
la hora llegó, yo te entrego el alma
y tú me la vistes de versos y besos,
de prosas y sueños,
de orgasmos escritos con tinta y papel.

Disculpa cariño si lo hago con gafas,
es que no deseo perder ni un instante,
te estaba esperando mi amado libro,
para devorarte desde tu portada,
hasta tu inesperado final.

PINGÜINOS EN EL IGLÚ DE MI PECHO

Yo también
fui silencio desnudo queriendo amanecer,
poniendo altares en el portal de los pretextos,
pintando de blanco las escusas,
aun cuando hasta el viento atestiguaba tu partida.

Ya era un adiós anunciado,
una profecía escrita con el aval de los dioses
y el epílogo de una obra pirata
escrita a la mitad.

Me sentí marioneta en el teatro de los tontos,
juguete roto por un niño caprichoso,
sufriendo callada sin hacer ruido,
y sintiendo pingüinos en el iglú de mi pecho.

Fue difícil saltar al olvido,
tu mala actitud
fue el empuje que me hizo lanzarme,
mi tristeza encontró otra promesa,
y si un día me perdí ya di conmigo,
solo estuve extraviada
entre el colchón y la cama.

Maldita manía que tiene el destino
de ponerle nombre propio a los errores
y el más miserable lleva tu nombre.

No pierde quien se queda,
pierde quien se va y tú te fuiste,
llevándote del portal el altar de los pretextos,
aquí nada se descompuso,
así que no hay nada que arreglar
porque hasta los pingüinos del iglú
se me murieron.

SIN SER QUIÉN ERA

No sé sí serán los años o el poderío del tiempo
los que me han hecho sentir que la vida es más simple,
que un viaje sin equipaje se disfruta mucho más
y que, sí en lugar de gritar se habla,
llena el alma de paz.

Mi escala de prioridades ya se redujo a dos,
la primera es vivir, la segunda es gozar.

Un buen día desperté y ya era más importante
complacerme que complacer,
está de más recordar lo que me costó entender
que lo útil es más caro y que lo valioso,
rara vez vale dinero.

No sé si serán los años o el poderío del tiempo
los que me han hecho amar
esos domingos de manta, de pelí en el sofá,
las palomitas de maíz, la pijama más gastada
y los calcetines sin par.

Ya no soy como antes, ni siquiera como ayer,
ahora mi mundo es pequeño
y lleno de lo que es necesario,
mi otoño ya no son ramas desnudas,
hojas tristes y caídas, cielo gris sin colibríes.

Hoy me huele a guiso caliente,
a café con sus tostadas, a pan recién horneado
con manteca de maní.

El corazón ya no se encoje
al pensar que un final inesperado
se agazapa a la vuelta de una esquina.

Yo seguiré disfrutando hasta que el tiempo me lleve,
pero mientras este llega,
que me pille sonriendo y que me lleve feliz.

No sé si serán los años o el poderío del tiempo,
pero, joder como gozo desde que comprendí
que la vida son dos días y que los días
son minutos muriendo en cada respiro.

POEMA PARA MI PADRE

Hoy vi una fotografía
donde tú aparecías.

La genética fue buena,
de ti heredé
el color de tu cabello,
la forma de la nariz
y los gestos exagerados
que hacías al hablar.

Fui la primera semilla
que germinó de tu amor,
no sé si deseabas hembra
o preferías varón,
pero llego una chiquilla
quien tu mundo removió.

Cada noche,
con tus ya cansados dedos,
por lo arduo del trabajo,
acariciando las cuerdas
cantabas con tu guitarra,
yo me sentía princesa
escuchando tu canción,
no recuerdo bien la letra,
pero hablaba del amor.

Me enseñaste tantas cosas,
yo quería aprender más,
pero el tiempo no alcanzó.

Te imaginaba viejito
caminar con un bastón,
abrazando a tus nietos
el día de su graduación.

Algunas veces te siento
y hasta parece que escucho
ese gracioso chasquido
que adrede emitías
cuando tomabas café.

Hoy vi una fotografía
con el cristal de mi llanto,
y quise guardar la pena
encerrada entre mis letras.

Pedacitos de recuerdo
en estos tristes renglones
y un nudo en mi garganta
para no gritar tu ausencia.

Siempre te voy a llevar
corriendo entre mis venas,
aunque ya no estés aquí
serás inmortal en mí.

Ahora miro hacia atrás,
no hay nada que reclamar,
si me dieran a elegir,
te escogería de nuevo.

Aunque ya duermes
en el eterno silencio,
quiero decirte,
gracias por todo papá.

Tú, me enseñaste a volar.

NO SÉ SI DOY POCO O PIDO MUCHO

Tengo cien razones
para ser lo que usted busca.

La primera,
es que tengo el corazón desocupado
y las otras me las reservo
hasta que nos demos el primer beso.

No me diga nada,
hagamos a un lado las palabras
sin prometernos nada
y que dure lo que tenga que durar,
un día, un mes, un año,
una vida, o una eternidad.

Déjeme mecer sobre su pecho mi pasión,
decorar su llegada e inmortalizar el momento
en que le entregue el deseo
que hace mucho puse en pausa.

Mis ojos hurgan su mirada
que delata los manantiales
que despiertan las palabras
y la hoguera que se enciende
entre mi atrevimiento y su vientre.

No sé sí doy poco o pido mucho,
pero quiero empezar a escribir
una nueva historia cerquita de la suya.

Disculpe si se siente acosado,
es que soy imprudente y vagabunda,
no conozco de limitaciones,
ni temo a las equivocaciones.

Confieso que desde hace mucho le veía
y planeaba la estrategia
de acercarme a decirle,
que tengo cien razones
para ser lo que usted busca.

La primera ya la dije
y las otras me las reservo
hasta que nos demos el primer beso.

Entenderé si mi osadía le incómoda,
es que odio quedarme
con los secretos guardados en el bolsillo.

Hubiera sido más fácil
callar para no arriesgarme
o esperar a que usted diera el primer paso,
pero no es bueno dejar las cosas
en la memoria del olvido.

Ahora espero,
que después de mi atrevida confesión,
al menos usted y yo
podamos definirnos como amigos.

¿TE QUEDAS O TE VAS?

Decídete, ¿te quedas o te vas?
Nadie puede irse a la mitad.

Si te quedas en la puerta, estorbaras,
anda, desconecta tus dudas,
afuera hace buen tiempo
y aquí dentro a mí nada me faltará.

Mete en tu equipaje un analgésico,
por si acaso te duele la partida
y llévate en los oídos una canción
que te calme los días de arrepentimiento.

Fuimos instantes de pasión,
caricias disfrazadas de "te quiero",
espejismo que paso silente sobre el tiempo,
lluvia tardía sobre lirios secos
y ahora solo somos ese nada
que se quedó en el intento.

Tranquilo,
aquí no hay ganador ni perdedor,
eso solo sucede en la lotería
y ni tú ni yo, somos décimos premiados.

Vete sosegado, sereno, quieto,
empuña la mano, respira profundo
y anda, ve, comete al mundo,
a mí nada me va a faltar,
estoy hecha de personas que se fueron,
tengo toda una vida para intentarlo
y un mapa lleno de nuevos lugares por visitar.

Así qué, decídete, ¿te quedas o te vas?
Porque nadie puede o debería irse
justamente a la mitad, pero tú sí.

Vete ya.

LA CALMA QUE SIGUE A LA TORMENTA

Mi último tren nunca llegó,
se descarriló en el camino,
pero llegaste tú,
experto en arreglar los desperfectos
y te convertiste no en mi tren,
sino en mi vuelo,
haciendo de lo simple algo grandioso
y de mis problemas historias nuevas.

Me enseñaste a volar
a pesar de tenerle pavor a las alturas,
a descubrir perfección tras lo imperfecto,
a esperar la calma que sigue a la tormenta
y a comprender que nadie merece ser una mitad,
que merece ser todo un entero.

Apareciste y aprendí
que hay personas que tienen duende,
magia, luz, cielo,
que son amanecer
y comparación exacta a lo divino.

Qué regalo me ha dado la vida
al descarrilar mi último tren
para hacerme coincidir contigo en el camino.

Hoy,
lo que tú y yo tenemos
no podemos explicarlo con palabras,
solo sentirlo cada día, verso a beso.

EXPLICANDO MIS ARISTAS

He aprendido a ser casa y techo,
siempre y nunca,
entiendo de historias en braille
que pocos conocen,
de bofetadas sin poner la otra mejilla
y de pretextos atados a las cintas del zapato.

Probé el amargo de las bilis en los días aciagos
cuando hasta el aire mordía mis pulmones.

Dinamité mi cabeza con cosas que no pasaron,
traté de explicarle mis aristas a un dios sordo,
pero solo logré regurgitar palabras.

Pernocté sentada en una silla de tres patas,
tratando de obtener mi equilibrio,
pero solo conseguí enzarzarme en discusiones
con mi yo, apostando si se pueden masticar
cincuenta y ocho años hacia atrás
para zurcir un nuevo comienzo,
con otra forma de equivocarse y acertar.

Necesito un abrazo que me junte piel y huesos,
una bebida que me haga recobrar el apetito de reír,
ese que se perdió el día que me sentí
como el veneno que bebió Romeo y Julieta.

Pido disculpas a la vida por malgastarla
o quizá, por no hacerme responsable
de escribir mejor mi propia historia.

TREINTA DÍAS MÁS UNO

Se deja ver el primer albor de agosto.

El lunes observa la retirada silente
de una luna nueva,
un cielo neutro comienza los rituales
que le dan la bienvenida
a treinta días más uno.

El aire tibio, con sutileza,
comulga con el aroma a césped y rocío.

Adiós a los ayeres
que se llevan la certeza de que,
lo que se va, ya no regresa.

Danzan los minutos
ofrendando sus pasos
a un vals de veinticuatro horas,
mi bata de dormir me recuerda
que al verano
le gusta anidarse en mi cuerpo,
para espiar la desnudez de la piel
que aún no se aclimata a su castigo.

Las sábanas,
vuelven a acomodarse en mi entrepierna
y una almohada llena de rutina
despide un rico olor a sueño
que invita a los ojos, a seguir
acampando en la cama.

Voy a dormir un poco más
y más tarde, le daré la bienvenida
a treinta días más uno
con una taza de café, pan y trigo.

DOS EXTRAÑOS CON LA MISMA HISTORIA

Hoy he vuelto a recaer
en el vicio de pensarte,
ahora ya no te echo de menos,
te echo de más.

Regresaron los fantasmas
de las huellas de tus dedos en mi piel,
justo cuando ya le llevaba ventaja a los días,
cuando ya no contaba noches antes de dormir,
ni respiraba memorias.

Ya había asumido que nada fue mío,
ni yo fui de nadie,
que ya solo éramos dos extraños
con la misma historia,
con astillas de la misma decepción.

Me resigne a ser cuestionario sin rellenar,
con preguntas a medio contestar,
con borrones de una lágrima seca
esperando algún motivo para resucitar.

Y, sin embargo,
me visitas hoy en forma de recuerdo,
abriste la puerta y ya no tenías la llave.

¡Joder!

Hoy he vuelto a recaer
en el vicio de pensarte,
y ahora, ya no te echo de menos,
te echo de más.

LA GEOGRAFÍA DE UN ERROR

Soy la mujer que no pudiste quemar en tu infierno,
la que aventaste al vacío a pesar de sus ruegos,
la cautiva entre paredes mudas
que como hoja en otoño cayó sin hacer ruido.

Mientras danzaban los días distraje sus pasos
y liberé a la chica atrapada
entre fragmentos de intentos rotos.

Se confabularon decisión y coraje,
transformé el dolor en amor propio,
las piedras del camino en escalones
para salir airosa de la noción de oquedad
que atrapaba mi cuerpo.

Hoy ya duermo tranquila,
no hago vigilia,
respiro a olor nuevo,
a tiempo sereno,
a promesa y paz.

Mis pies ya caminan
entre tréboles de buena suerte,
ya no habrá más extravíos
porque conocí en carne viva
la geografía de un error.

Soy una mujer fuerte,
fuerte porque no vengo de un paraíso,
vengo del infierno
en el que no me pudiste quemar.

NO ME PIDAS QUE SEA FUERTE

Cuando esté triste por extrañar a mis muertos,
no me pidas que sea fuerte, que no llore,
las lágrimas son dolor líquido
que desborda el mar de mi añoranza.

Cuando me veas languidecer,
no me hables de la filosofía entre la vida y la muerte,
porque eso ya lo sabía, y aun así,
me está doliendo el alma.

No trates de controlar mis emociones,
deja que mi cielo se nuble y llueva,
que saque toda la pena
atrapada en el pantano de los ojos
y deshaga el nudo atorado en la garganta
por darme cuenta que la ausencia
ocupa más espacio que la presencia.

Cuando este triste por mi duelo,
no me llames cobarde,
ni creas que me falta fe y esperanza,
solo entiéndeme, abrázame en silencio,
porque esa es la mejor manera
de tocar el alma del que está sufriendo
y de comprender que la tristeza
no tiene más lugar a donde ir.

Cuando me veas afligida, sé paciente,
porque el proceso de sanar es duro,
a veces creo haber superado todo y al otro día
entiendo que el duelo no es olvido,
sino el proceso de encontrarle
sentido a la muerte.

Cuando me veas triste por extrañar a mis muertos,
solo abrázame sin condiciones ni juicios.

ACARICIANDO LA LOCURA

Te extraño en el café frío de la mañana,
en el sol de medio día
y en la llamada que me hacías
a las dos de la madrugada.

Hoy, las calles son más anchas,
los días son más largos
y mi cama, es un arsenal de minas
que explotan en recuerdos acariciando la locura.

Ojalá pudiera volver a aquel tiempo
donde yo era tu desorden
y tú mi complemento imperfecto.

No fuimos el primer amor,
ni tampoco el primer beso,
ni esa pasión que nace a primera vista,
fuimos la elección que el corazón hizo
para abrirle la puerta
a una nueva historia sin final planeado.

Extraño cuando juntos olvidábamos al mundo
y jodidamente irresponsables,
nos acariciábamos las imperfecciones
sin protegernos la mente.

Quería que supieras que te extraño
aunque ya no supe más de ti,
no sé si te mudaste, si tienes buena vida
o si el tiempo ya te regaló el olvido.

Yo sigo visitando esos lugares
donde aún huele a ti,
acompañada de ese pedazo de vida
que olvidaste meter en la maleta de la partida.

ABRÁZATE HOY A LA VIDA

Cada día te vas yendo,
te alejas más del principio
y por despacio que avances
llegará siempre el final.

Por fuerte que sea el hilo
con el que ates al tiempo,
más temprano o más tarde
este se va a romper.

Todo se va agotando,
la fuerza te irá dejando,
tu luz se hará más tenue
y no habrá antorcha ni soles
que la hagan relumbrar,
ni pacto con un milagro
o mapa con ruta de escape
que te liberé del inquisidor final.

Cada día te vas yendo,
pero antes de que tu reloj colapse
y el segundero elija un número al azar,
sé benévolo contigo, abraza más al amigo.

Disfruta de tus talentos, ríe si hay que llorar,
despierta agradecido, aleja lo negativo,
compra lo que el dinero no puede
y deja que el sol acaricie
cada espacio de tu presencia.

Cada día te vas yendo,
te alejas más del principio
para llegar al final,
por eso abrázate de la vida,
cuida tu alma y tu esencia
que son las que estarán contigo
hasta el final de tus días,
porque cada día, te vas yendo.

HISTORIA DE UN SECRETO
QUE JAMÁS HA ENVEJECIDO

Esta mañana amenaza con ser un largo día,
de esos que prometen fracturar la mente.

Qué difícil es no dejarse las lágrimas por fuera
cuando se tiene pegada al paladar
una historia que nunca ha sido contada,
de esas, donde no hay fotos,
tan solo un montón de recuerdos.

Yo también
he palpitado al ritmo de un suspiro,
he estado preñada de ilusión,
amando con los ojos empañados de pasión.

Hay secretos
que no envejecen ni con el paso del tiempo
y llega un día largo como hoy
a pellizcarnos el alma.

Cambié de casa y de tierra, pero a donde iba,
siempre encontraba gavetas vacías
para guardar esa historia pegada al paladar
que nunca he contado.

Qué difícil es no dejarse las lágrimas por fuera
cuando aún quedan rastros de humedad
y recuerdos cabalgando en las entrañas
de un secreto que jamás ha envejecido.

CELEBRANDO LA VIDA

Hoy vivo mi presente celebrando una herida,
una marca que aún escuece, pero ya casi no duele.

Estoy sanando
después de conocer de frente al dolor
en su máxima potencia,
a la incertidumbre hurgando la esperanza
y a la oscuridad cerrando las pupilas.

El reloj reposó por ocho horas
viendo mi cuerpo recostado en los hombros del frío,
a mi cara inerte con apenas un gesto de fe
y al triunfo con un goteo de latidos
haciendo ruta en el pecho,
como gritando que aún no estoy lista
para el eterno sueño,
porqué mi vida todavía está llena de quehaceres.

El alma decidió abrazarme por más tiempo,
desperté, mi corazón aún latía,
percibí la bendición de estar viva
y la dicha de conocer
la fortaleza del otro lado del miedo.

No me victimizo,
sé que la herida se hará cicatriz,
que luciré con orgullo
la nueva enseñanza que hoy vive en mí.

Hoy escribo desde la gratitud
y la bendición de sentir sangre en mis venas,
desde la inmerecida bondad
que me otorga el hacedor de la vida.

Soy la de antes, solo que ahora
con más ganas de seguir adelante
celebrando un día a la vez.

SIN RENDIRTE

Si hoy tienes ganas de rendirte,
quiero que sepas, que te entiendo,
porque yo también he sentido
ese cansancio que le abrió el paso a subyugarme,
a cerrar la puerta, a soltar las amarras de mi barca
y dejar que el aire se llevará las velas.

Quiero decirte
que eso que sientes va a pasar,
por qué no todo dura para siempre.

Si tienes ganas de llorar, hazlo,
que el agua purifica el alma,
grita, porqué gritar es una forma de exhalar las penas.

Respira hondo,
que ese dolor que sientes en el pecho
son todas las palabras que se quedaron
a medio camino de tu boca
y ese cansancio en la columna
son las cargas que no eran tuyas
y soportaste
hasta que se desgastaron tus rodillas por el peso.

Yo también iba a rendirme,
pero justo cuando estaba a punto de hacerlo
recordé mis días felices,
las sonrisas que regalé y me regalaron
y los pasos que aún no había dado.

Vi mis brazos y me di cuenta
que aún tenía abrazos guardados sin usar,
me volví valiente
y la espina clavada en mi piel, se hizo rosal.

Si sientes ganas de rendirte, no lo hagas,
quizá hoy sientas que no puedes
pero luego te sorprenderás
al darte cuenta que lo lograste.

¡Anda, píntate una sonrisa!

Aún te quedan muchas batallas por ganar
y esas ganas de rendirte, pasarán.

ESCULTOR, POETA Y LOCO

Eres el escultor
que con el cincel de la mirada
esculpe cada curva de mi cuerpo,
el poeta que logra
que mi pluma escriba versos,
el loco que con dulzura
provoca que poco a poco
vaya ganándole la batalla a la impaciencia
y el espejo que hace que cada día ame más
a la mujer que se ve en el reflejo.

Déjame que te piense mío,
que te muestre el mundo
que por ti he construido
y las guerras que he ganado
con tan solo un gramo de tu paz.

Tú, mi reloj sin prisas,
que caminas conmigo sin apurar mis pasos,
que haces que las inquietudes pasen de puntillas
para no despertar al mágico espacio
que para mí has creado.

Gracias escultor, poeta, loco
y el espejo que hace que cada día
ame más a la mujer que se ve en el reflejo.

"... Algunas veces,
la vida llega en forma de amigo...".

LLEGASTE TARDE, PERO A TIEMPO

Llegaste tarde, pero a tiempo,
como si el destino se hubiera descuidado
y la brisa de la suerte nos acariciara el camino.

Se comenzaron a trazar líneas de sentimientos,
tu voz me coloreó palabras nuevas
y tus latidos, se hicieron canción a mis oídos.

Los minutos dejaron de sumar,
dilatando el momento que nos salpicó
con un montón de silencios
que hicieron puente entre tu corazón y el mío.

Llegaste tarde, pero a tiempo,
porque con un beso
me hiciste florecer en pleno invierno,
te volviste el 911 que me salvó
de un mundo preñado de dudas y residuos de intentos
que iban sin deriva a un futuro masticado
que soplaba las últimas cenizas,
quitándome el derecho de volver a renacer.

Llegaste tarde... pero a tiempo.

MALDITO MIEDO

Imposible dormir,
tus ojos le robaron el sueño a los míos
dejando un insomnio
que lanza esquirlas de quimeras que nunca llegaron,
porque se extraviaron en cualquier calendario.

Es una noche fría
de horas que le atornillan los recuerdos a mi cruz.

Cómo pesa el tiempo cuando lento camina,
cómo se extraña la presencia
de una ausencia que un día te acompañó.

Qué triste es hacer café para dos
cuando ya solo soy uno,
de partir un pan sin saber
qué haré con la otra mitad.

Quiero llamarte y no puedo,
se acobardan mis miedos,
se extravían las palabras,
el hielo de mi orgullo congela mis labios
y nuevamente me deja vestida de espera,
de un odiado lunes con las ganas vencidas.

No es que muera de amor,
muero de distancia,
de ilusión por escuchar tus pisadas
volver por el mismo sendero que un día te llevó,
que toques a mi puerta y me digas:

"Aquí está la parte que de ti me llevé,
el insomnio que a tus ojos robé
y el último abrazo que ya desgasté
al apretar tu recuerdo".

Quiero llamarte y no puedo,
el maldito orgullo atornilla el miedo a mi cruz.

MÁS ALLÁ DEL DOLOR

Te sientes
llena de escombros de una mañana derrumbada,
cerraste un poco los ojos y al abrirlos
la vida te había cambiado.

Aprietas con fuerza los párpados
para sacudir el llanto que anoche
te inundó por dentro.

Te limpias con intrepidez
la sangre que tus uñas sacaron
al buscar las alas que te asistan a salir del tormento,
pero solo logras arrancarle trozos de piel a tu alma
hasta dejarla en los huesos.

Te has hecho soldado de una guerra que no buscaste,
tomas pastillas que te ayudan a ponerte de pie,
a aferrarte a ti misma,
a salir ilesa de una tortura donde no sabes
si estás viva o ya, casi estás muerta.

En un momento te cambio la existencia,
ahora eres mitad agonía y mitad esperanza,
te paras frente al espejo, ya no hay pelo que peinar,
solo una piel reseca con ganas de revivir,
eres fuerte pero no puedes evitar sentir miedo.

Mujer guerrera, no te conozco,
pero quiero que te salves,
que te enamores de estar viva,
que nadie te diga en la puta vida que no eres valiente,
que si te cansas es por ir avanzando, descansa,
pero no te rindas.

Valiente guerrera, te admiro   por las mil veces
que has resucitado,   por desenterrar
de tu dolor   una sonrisa
y regalarla   a alguien más.

Mujer valiente,   no te conozco,
pero te dejo   un abrazo
de mi corazón   al tuyo.

UN PLAN B BAJO MI MANGA

Cuantos signos de interrogación
agolpando mi cabeza.

Cuanto pesan los recuerdos agazapados
entre vacío y tierra firme,
entre cuatro paredes y una puerta cerrada sin llave,
guardando silencios y verdades a medias.

Los planes murieron en el túnel
de un tiempo podrido en mentiras.

Di lo mejor y recibí traición,
pero como no hay fecha que no llegue
ni día que no cumpla sus horas,
a estas alturas ya no quiero nada,
he decidido soltar lo que aprieta.

Hasta ahora fuiste el amor de mi herida,
así, sin rencores, ni cuentas pendientes
ni saldos en rojo que nos dejen deudas.

Te di tanto tiempo y ahora soy solo de mí.

Querer es poder y yo quiero elegirme,
aniquilar al presente y salvar mi futuro.

No más caminos de lodo,
es de héroes sonreír cuando el corazón llora,
perdí una batalla, pero no la guerra,
me equivoqué contigo, recibí una lección.

Me quedo con lo que fuimos, sin aversión,
solo lamento el tiempo perdido.

No pasa nada,
por fortuna siempre escondo bajo mi manga
un plan B

No es la primera vez que tropiezo
con la piedra de la equivocación.

Sé que no faltará una boca
que sople las cenizas que me hagan renacer,
ni una mano que me toque de energía
para llevarme al cielo
que contigo no alcance a conocer.

SIN TANTO CUENTO

Hace tiempo que ya no me lastimo,
que no me doy golpes de pecho
 entre tinta y papel.

Tuve que huir de absurdas opiniones,
de ilusiones baratas
para entender que no hay que alimentar
con margaritas a los cerdos.

Me liberé del cuento
donde siempre gana el bueno,
donde el que llora no es fuerte
y de la creencia que para tener amor
hay que luchar contra monstruos y dragones.

Ya no busco respuestas
antes de encontrar las preguntas,
porqué sé que yo soy la respuesta.

Una diadema de nuevos pensamientos
quitaron la sordera mental que me atrapaba
 y me volví compañera de mi propia existencia.

Le regalé a la vida esa tregua que a gritos pedía,
me senté en la silla que aún no estrenaba,
me dio el sol en la cara, escuché al viento,
tomé prestado el azul del cielo
y mis pies descalzos por primera vez
sintieron la hierba.

Vivo despacio,
le doy a las cosas su justo valor,
soy libre por fin, sin tanto cuento,
y ya no le robo horas al sueño
por un motivo que no merece mi insomnio.

CON LA LUZ APAGADA

Nuestras miradas al tocarse
se encienden, dándole con fuerza
una estocada a la crisálida del vientre,
despertando las alas al deseo.

Tus brazos,
como abrigo en invierno,
calientan la arena reseca de mi boca,
que imperiosa,
busca la humedad de tus besos.

Tus manos, sin dirección,
hechizan cada parte sensible de mi cuerpo,
tu barba raspa, pero no duele, estremece,
desata latidos que cabalgan y seducen ahí,
donde empieza lo divino,
donde se hace
el amor y la guerra al mismo tiempo.

Las sensaciones
navegan por todos los rincones,
bebiéndose hasta el aliento de las sombras
de una luz apagada,
para que sean los dedos
los que encuentren el botón
donde el placer explota.

Callados,
despedimos el último bostezo del alba
y recibimos el primer rayo amarillo de la madrugada,
mientras cerramos el deseo,
pero no con llave,
porqué seguro que mañana
la arena reseca de mis labios,
reclamará a gritos la humedad de tus besos
y los latidos desearán caminar
por la ruta de los dioses,
testigos mudos
donde anoche enhebramos
los hilos que ataron
tus fantasías con las mías,
ahí, donde se hace el amor y la guerra
al mismo tiempo.

EN UN VIERNES CUALQUIERA

Ahí estaba yo,
espiando mis propios pensamientos,
sentada en mi mundo aparte
con la luz de la tarde en la cara
en un viernes cualquiera,
viendo a las aves danzar valses con sus alas
y razonando lo duro que es ver como los días
van pasando en hileras de sentires,
tejiendo semanas
que avanzan en un solo sentido.

Somos mezcla de errores y aciertos,
somos humanos
que vamos en direcciones distintas,
en caminos diferentes,
sembrando huellas
que el tiempo irá borrando.

Cada rostro
es una historia guardada en la mirada,
la vida es solo un rato, que casi sin darnos cuenta,
se escapa de nuestras manos, en un viaje sin retorno.

Sentada en mi mundo aparte,
con una boca cerrada para no gotear silencios,
mirando desde mis años en un viernes cualquiera,
aprendí que, cuando los soles se van jamás regresan
y que cinco minutos sentada en el borde de la tarde
son suficientes para reiniciarnos la vida.

UN FEBRERO SIN COMPLEJOS

Me gusta este febrero
para despojarme de complejos,
para perderme al norte de sus ojos
y antes de que el corazón se haga viejo,
declararle lo que siento por usted.

No quiero hilar fantasías,
 ni endulzarle el oído,
soy mujer de carne y besos,
completamente imperfecta,
con caos y días felices,
con manías, perversiones
y vivencias escondidas debajo del sofá,
guardadas, entre códigos y metáforas
difíciles de descifrar.

Pero tan fiel
como las lunas a su cielo,
como la divinidad de un versículo en el templo
o como los números al reloj
que está detrás del campanario.

No le prometo un paraíso sin tormentas,
ni un camino sin tropiezos, eso sería mentirle
y con mentiras no me gusta apostar.

Solo deseo ser el amor
que le baile entre sus neuronas,
las cosquillas de su risa
y una buena mañana donde use su camisa
mientras le preparo el desayuno y el café.

Dígame si antes de mí hubo alguien
que, sin respetar los protocolos del recato,
le confesó lo jodidamente hermoso
que usted hace sentir
 con tan solo el roce de una mirada.

No es delito robar al que le sobra
y usted tiene una boca que desborda besos,
unas manos llenas de glorias y misterios.

Ahora puede irse o quedarse,
lo que suceda ya será su elección,
pero a mí me gusta este febrero
para preguntarle sin complejos.

¿Quiere usted aceptar el riesgo,
y que juntos de la mano
iniciar el vuelo con esta mujer de carne y besos?

ME VOLVÍ A ENAMORAR

Yo que tanto apedreé a Cupido
para que no se acercara me volví a enamorar,
volví a sentir esa taquicardia que precede a un beso,
la adrenalina de un roce atrevido
por debajo de la mesa de un café cualquiera
y ése enjambre de avispas
recorriendo el cuerpo de las ansias contenidas,
añejadas por el tiempo.

Ahora, hasta el cielo se detiene
a rendirle pleitesía a un mundo diferente
donde ya no hay fruto prohibido,
ni cremallera que detenga al ritual de las caricias,
todo está permitido.

Me he vuelto adicta
a guardar caricias inventadas
en los vitrales de mi mente,
mientras mi cómplice alma espera cada tarde,
como una deidad espera a lo divino.

Yo, que antes había apedreado a Cupido
por pensar que el amor era solo besos y caricias,
que me jactaba de no estar enamorada,
me enamoré hasta de la geometría de su sonrisa,
y de la cuadratura de sus manos en las mías.

No sé si el amor mueve montañas
pero segura estoy que las hace vibrar,
no sé si cambia los esquemas en la mente,
solo sé que me volvió manantial
de versos sin saber escribir,
haciendo mías las palabras
del poeta Ramón Campoamor.

¡Dios mío, cuántas cosas le diría si supiera escribir!

Y todo por qué ahora, me volví a enamorar.

CON EL MISMO NOMBRE

Nunca seas la mujer que juzgue a otra mujer,
porque con esa conducta
estarás evidenciando tu propia debilidad.

Si nunca has usado sus zapatos,
¿por qué juzgas su camino
si estáis en rutas diferentes?
¿Por qué manchas tu corazón de ignominia?

Piensa claro, se sensata,
hazte cargo de tu vida, no hagas juicios,
no eres juez, no laceres con tu lengua,
no dañes con tus acciones.

Nunca olvides que en la tierra
todos estamos de paso,
que más temprano que tarde,
en algún espacio de tiempo
veremos pasar la vida,
y no habrá "hubieras" que valgan,
ni te salven de morir atropellada
por las horas del destino.

Destapa tus ojos y mira,
 cierra tu boca y calla,
abre con amor tus manos
y haz acciones que bendigan.

Nunca seas quien critique
a una conducta ajena,
porqué solo quien carga el quilma
sabe el peso que este tiene.

Recuerda nunca juzgar,
la vida da muchas vueltas,
no sea que un día te toque
ser el juicio y no el juez.

Es momento, ahora o nunca,
no seas piedra de tropiezo,
si una vuela, que vuelen todas
y si necesitan cielo
con tus plumas y las mías
fabriquemos unas alas.

Somos todo y somos todas,
caminemos hombro a hombro,
yo te cuido y tú me cuidas,
llevamos el mismo nombre... MUJER

EN UN MUNDO DIFERENTE

En un bote de basura imaginario
arrojé todas las tormentas
que sin darme cuenta
estaban adormeciendo mi cabeza,
todas las inclemencias y vigilias
que cada vez más desgastaban
y sofocaban a mi mente.

Tras la decisión,
apareció una puerta que,
por estar ocupada en sobrevivir no conocía,
no tenía cerrojo, sólo bastó empujarla.

Se abrió un mundo diferente
y comencé a vivir,
aprendí a gozar esos instantes que la vida da,
a disfrutar mi trabajo, mi descanso,
y a entender que las prisas
solo merman el paso.

Tomé conciencia de que el tiempo
es lo único que no tenemos seguro,
que a la vida se llega sin nada
y nada se lleva en la partida.

Dejé de sobrevivir y comencé a vivir,
estoy en comunión conmigo,
encontré la paz en medio de las tormentas
que sin darme cuenta adormecían mi cabeza.

Hoy me siento plena,
mejor que maravillosamente.

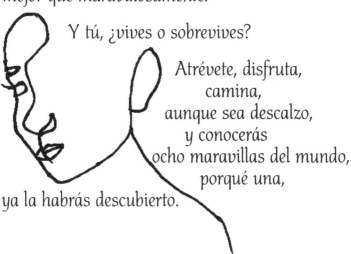

Y tú, ¿vives o sobrevives?

Atrévete, disfruta,
camina,
aunque sea descalzo,
y conocerás
ocho maravillas del mundo,
porqué una,
ya la habrás descubierto.

SIN LAS MISMAS GILIPOLLECES

Que soy vieja, eso no lo digo yo,
lo dicen quienes ya no me ven actuar
en las mismas gilipolleces de años atrás.

El escenario es el mismo,
solo que ya no hay drama,
la escena la escribo yo,
y la historia está hecha de capítulos y finales.

Ya no me importa el aplauso,
ya tengo todo ganado,
ni me exijo de más,
solo observo y disfruto
las cosas se ven más claras
cuando las ves desde un palco.

Eres vieja,
lo dicen quienes ya no me ven hacer
las mismas gilipolleces de ayer.

No, no soy vieja,
aún sigo pariendo versos
y mi piel aún reacciona al contacto
de un "te quiero" o de un susurro al oído.

A mi cabeza
aún llegan oleadas de fantasías
que tempestuosas,
agitan perfumes de historias pasadas.

A mi edad,
todavía me muerden pasiones en el pecho
con la misma fuerza de los años pasados,
años que me han enseñado a seducir
amaneceres con mis noches.

Sé que me falta mucho por aprender,
pero hasta ahora la vida ha valido la pena,
porque no soy vieja,
solo que ya no hago las mismas gilipolleces.

NO VOLVIÓ

No volvió,
me quedé esperando y él jamás volvió,
desgarró las promesas con su ausencia
y en la esquina de una melancólica espera
se quedaron todos los besos que no le di.

Qué frío se siente
cuando te dejan la piel a la intemperie,
cuando te clavan un puñal
entre el pecho y un sueño mal soñado.

Ojalá hubiera entendido
que es mejor cuando se vive sin apegos,
sin idealizar, sin encariñarse tanto,
porque así jamás te quedas con el alma hueca.

Me quedé esperando
hasta que un día descubrí
que reconocer es el primer paso
para saber por dónde actuar.

Comprendí que yo no era víctima
sino la voluntaria de mis propios errores,
que el tiempo no se puede editar,
pero los sentimientos sí.

Somos como lienzos donde la vida escribe,
pero somos nosotros quien elige el cuento.

Cada quien se mata a su manera,
yo decidí vivir,
pasar de ser naufrago a capitán de esta isla
donde empecé a desintoxicarme
del hábito de esperarlo,
porque la dignidad
es el amor que uno tiene consigo,
sin importar si llegó un minuto antes o después,
a la persona incorrecta o al corazón equivocado.

¿CUÁNTAS VIDAS...

¿Cuántas vidas tienes que no puedo matarte, recuerdo?

Eres sobreviviente de mis guerras perdidas,
de las balas de olvido en el fuego cruzado.

Hay días que hasta tu sombra me pesa, me duele,
me hiere a pesar de esconderme en mi triste trinchera.
Ya he perdido la cuenta
de las tantas veces que dinamité la vereda
por donde cada noche transitas.

Hay manchas de sangre en el tapiz de mi mente,
huella infalible de mis golpes de pecho
maldiciendo tu nombre enraizado en tus vidas.

El cristal de mis ojos se ha tornado opaco
por la sal que atragantan cada vez que se abraza
el infierno y la herida.

Mi mano izquierda aprieta venganza
y la otra muestra un látigo de desprecio
dispuesto a lapidarle la espalda al tiempo.

Entre dientes y uñas,
hay tiras de carne que dejo el corazón
después de arañarle la piel al pasado.

El amor, se vive o se muere,
pero no se ruega,
y yo de cada intento que hago,
no puedo matarte.

¿Cuántas vidas tienes maldito recuerdo,
que inmune a las balas de mis guerras perdidas
continúas viviendo?

YA NO SACRIFIQUES MARGARITAS

Ya no ruegues que te quieran,
ni sacrifiques margaritas
buscando una respuesta
que sus pétalos no tienen.

No esperes a ningún tren,
hay trenes que no saben detenerse
y siguen su viaje sin nosotros.

No pidas atención
de quien no lee tus mensajes,
ni obligues al corazón
 a latir con una música que no es tuya.

De nada sirve sufrir por lo que no existe,
ni quemarse los pies por caminar
en un fuego que es de otros,
no confundas amor con compañía,
eso es como una pompa de jabón
que el viento se lleva,
un juego al que todos desean jugar,
pero que nadie quiere perder.

Ya no sacrifiques margaritas
buscando una respuesta
que sus pétalos no tienen,
al amor le gusta sorprender
en el momento menos esperado.

Mantente alerta,
no pierdas tus piezas,
para que cuando llegue
te encuentres completa y no cansada
por esperar al tren
en una estación equivocada.

CON LA PIEL A LA INTERPERIE

No volvió,
me quedé esperando y él jamás volvió,
desgarró las promesas con su ausencia
y en la esquina de una melancólica espera
se quedaron todos los besos que no le di.

Qué frío se siente
cuando te dejan la piel a la intemperie,
cuando te clavan un puñal
entre el pecho y un sueño mal soñado.

Ojalá hubiera entendido
que es mejor cuando se vive sin apegos,
sin idealizar, sin encariñarse tanto,
porque así jamás te quedas con el alma hueca.

Me quedé esperando
hasta que un día descubrí
que reconocer es el primer paso
para saber por dónde actuar.

Comprendí que yo no era víctima
sino la voluntaria de mis propios errores,
que el tiempo no se puede editar,
pero los sentimientos sí.

Somos como lienzos donde la vida escribe,
pero somos nosotros quien elige el cuento.

Cada quien se mata a su manera,
yo decidí vivir,
pasar de ser naufrago a capitán de esta isla
donde empecé a desintoxicarme
del hábito de esperarlo,
porque la dignidad
es el amor que uno tiene consigo,
sin importar si llegó un minuto antes o después,
a la persona incorrecta o al corazón equivocado

VENDO LIBROS SIN DEDICATORIA

Vendo versos que nunca se estrenaron,
historias de amor que nunca se contaron,
un corazón congelado,
media vida fragmenta
y trescientos sesenta y cinco días
que nadie quiso probar por ser amargos.

Vendo libros sin dedicatoria.

A quien los compre
le tocará escribirle el remitente,
no le aseguro que llegue a su destino.

Es que son letras cobardes,
nunca se dejaron leer por quien yo quise,
prefirieron el dolor que causan los espacios,
quedarse calladas, escurriendo la tinta
de sus límites mentales.

Vendo estrofas cobardes, quizá a ti te sirvan,
si intentan gritar nunca las calles,
no las contengas,
deja que te toquen sus puntos vulnerables.

Vendo versos, estrofas y un libro
que entre páginas resumen una vida.

Confieso,
fui yo quien los hizo indecisos,
quien los compre
está obligado a volverlos valientes,
porque cobardes no sirven.

ARMANDO NUESTRA HISTORIA

No recuerdo si era un jueves o un domingo,
o simplemente
era el día asignado a nuestro encuentro,
iba distraída, hurgando en mi cartera,
topamos, quedamos frente a frente,
el negro azabache de tus ojos
subyugaron a los míos con sus frases perfectas
y aparecieron esas mariposas
que se sienten en la panza donde no sabes si es mareo
o es el romance que está llamando a la puerta.

Sin parpadear,
nuestras miradas se tocaron,
en la mente
ya estábamos armando nuestra historia
y antes de pronunciar una palabra
nuestra imaginación ya temblaba,
me ofreciste tu mano
y yo no sabía si decirte mi nombre
o invitarte a mi vida.

No recuerdo el intervalo del tiempo,
qué más da, si ahora
ya le hemos añadido una hora más al día,
mi corazón te ha elegido
y tu alma a la mía ya está atada.

No buscamos motivo para amarnos, ni momento
para deshacernos la miel de la luna entre los labios.

Cada noche, sin pronunciar una palabra
nos volvemos paraíso
para darle las gracias al destino
por haberse entrometido ese día
que no recuerdo si era jueves o domingo.

QUERIENDO HABER SIDO

Préstame poeta tus versos
para sacarme del alma lo que le aprieta a mi pecho,
necesito llorar letras, y con lágrimas de tinta negra
hacer travesía en los resquicios del rostro.

Préstame tus versos poeta, quiero llenar los vacíos
de todas aquellas palabras que nunca aprendí a decir
y dejé que caducaran en un viejo diccionario.

Quiero escribir un poema en un papel ya arrugado,
que se convierta en canción y con un suspiro
logré robarle un cachito a la luna,
calibre los desbalances o las vértebras
de alguna historia inconclusa,
o rellene las fisuras de alguna agrietada pena.

Pido disculpas poeta, no sé escribir poesía,
ni prosa, ni verso, ni nada.

No, yo no soy poeta, pero me gustaría haberlo sido
para con tan solo una hoja y un lápiz de punta rota
curar las abolladuras de cada asignatura pendiente.

¡QUÉ CORTOS SON LOS AÑOS!

Cuando me dieron permiso las estupideces
empecé a vivir, comenzando a cumplir
todo lo que había quedado postergado,
a disfrutar el sabor del té en la merienda
y hasta saborear el pan duro del día anterior.

Me sentí turista en mi propio entorno,
desempolvándole la memoria a unos libros
que parecen guardar voces en su interior,
viendo fotos que dan la impresión
de querer romper el cristal
para salir de su clausura
a contar vivencias del pasado.

Qué pequeños somos
y que cortos son los años.

Cada quien vive a su manera,
pero a veces es necesario detener al tiempo
para que este pueda comenzar de nuevo.

No me guardo rencor
por no haber estado presente en mi existencia,
creo que hay cosas
que solo se pueden entender a cierta edad
o cuando se le pide permiso a las estupideces.

"... Sigo adelante, el tiempo solo se detiene
en algún reloj descompuesto...".

AGRADECIMIENTOS

Más que pedir, tengo que agradecer, primeramente, a Dios porque sin su bondad amorosa no podría estar hoy festejando mi tercer vuelo.

A mi siempre amigo, poeta y escritor, Luis Endrino Fuentes, por su compromiso, paciencia y cariño con el que hizo posible que nuevamente mi poesía hiciera suspirar a cada hoja de este libro.

A mis dos hijos por su gran amor y a mi esposo por ser una persona clave en la recuperación de mi segunda cirugía a corazón abierto. Sin sus cuidados nada hubiera sido posible.

Una mención especial al cardiólogo, Tobias Deuse del hospital USF de San Francisco (California) porque sus manos fueron el medio que el dador de vida uso para estar hoy **Celebrando la Vida**.

Agradezco también por entender que lo que no se puede hacer de pie, se hace de rodillas, lo que no se consigue hablando se logra orando y lo que vemos como imposible, Dios lo hace por nosotros.

Y te agradezco ti, que me haces el honor de tener hoy este libro en tus manos.

Mil, mil gracias...

ACERCA DE LA AUTORA

Mina Ordaz, es una mujer soñadora por un mundo mejor, altruista, inquieta, con gran sentido del humor y sentimientos a flor de piel, que reside en USA.

A muy temprana edad tuvo su primer contacto con la poesía, gracias a un gran libro regalo de su abuela materna.

Pero no fue hasta su época adulta cuándo empezó su amor por ella, y desde ese momento, a su pluma le crecieron alas, y mil hojas en blanco comenzaron a llenarse de versos.

Cuando le preguntan por su estilo de escribir, a modo de broma dice: "Yo *mezclé, rimas, versos, prosas y como resultado me dio Alas de Mariposa*".

En la actualidad pública su trabajo en la plataforma digital de Facebook, bajo el seudónimo de *Alas de Mariposa*.

A corazón abierto fue su primer vuelo como ella con orgullo lo llama. Este título encierra en tres palabras su vida que, a través de un año, ha ido dejando pedacitos de su esencia en cada letra.

Mi segunda piel, fue su segundo poemario, donde refleja el renacer y su amor por la vida, con todas las emociones que lleva consigo.

Y su vuelo no cesa, sigue regalándonos metáforas en este tercer poemario y también en sus redes sociales.

ÍNDICE

Introducción 11

En modo avión 17

Amistad se escribe con mayúscula 18

Mi cuerpo ha envejecido... pero mi alma no lo sabe .. 20

Azul + Rosa= Uno 22

Y me volví poesía 25

Que lo tuyo quede nuestro 26

Quizás un día 28

El amor de ~~vida~~ herida 30

Desempólvame el corazón 32

A tres centímetros sobre el cielo 34

Sin fecha ni calendario 36

Cuando sea vieja 38

Quédate conmigo 40

El karma no se esconde en las esquinas 42

Poema para mi abuelo 44

Tan solo tú decides 51

Desabrido poema 52

Cielo arriba, infierno abajo 54

¿Dónde estás? 56

Insomnio 58

De versos y besos 60

Pingüinos en el iglú de mi pecho 62

Sin ser quién era 64

Poema para mi padre 66

No sé si doy poco o pido mucho 69

¿Te quedas o te vas? 72

La calma que sigue a la tormenta 74

Explicando mis aristas 76

Treinta días más uno 78

Dos extraños con la misma historia 80

La geografía de un error 82

No me pidas que sea fuerte 84

Acariciando la locura 86

Abrázate hoy a la vida 88

Historia de un secreto que jamás ha envejecido 90

Celebrando la vida 92

Sin rendirte 94

Escultor, poeta y loco 96

Llegaste tarde, pero a tiempo 99

Maldito miedo 100

Más allá del dolor 102

Un plan B bajo mi manga 104

Sin tanto cuento 106

Con la luz apagada 108

En un viernes cualquiera 110

Un febrero sin complejos 112

Me volví a enamorar 114

Con el mismo nombre 116

En un mundo diferente 118

Sin las mismas gilipolleces 120

No volvió 122

¿Cuántas vidas... 124

Ya no sacrifiques margaritas 126

Con la piel a la intemperie 128

Vendo libros sin dedicatoria 130

Armando nuestra historia 132

Queriendo haber sido 134

¡Qué cortos son los años! 135

Agradecimientos 139

Acerca de la autora 141

Made in the USA
Las Vegas, NV
09 September 2023

77333943R00083